NOTICE

HISTORIQUE.

1824.

IMPRIMERIE DE FIRMIN DIDOT,
RUE JACOB, N° 24.

Pierre Paul Prudhon,
Peintre

NOTICE

HISTORIQUE

SUR LA VIE ET LES OUVRAGES

DE P. P. PRUDHON, PEINTRE,

MEMBRE DE LA LÉGION-D'HONNEUR ET DE L'INSTITUT.

A PARIS,

CHEZ FIRMIN DIDOT, RUE JACOB, N° 24;
CHEZ BOULLAND ET Ce, LIBRAIRE, RUE DU BATTOIR, N° 12.

1824.

A
M. BOISFREMONT,

PEINTRE.

Multis ille bonis flebilis occidit ;
Nulli flebilior quam tibi, Virgili.

HORACE.

MONSIEUR,

Vous étiez l'ami de mon ami, vous avez recueilli son dernier soupir, et je vous dois presque tous les matériaux qui m'ont servi à ériger ce modeste monument au souvenir du célèbre et infortuné Prudhon.

Je n'ose penser que mon travail égale son objet; au moins en était-il digne par le sentiment que j'éprouvais en m'y livrant. Cependant, Monsieur, je me rassure un peu en songeant à la source où j'ai puisé et à la vérité qui a guidé ma plume.

Puisse ce faible tribut payé à la mémoire d'un si grand talent, faire connaître l'homme et ses ouvrages à ses contemporains, et assurer à son nom l'admiration de la postérité la plus reculée!

Veuillez, Monsieur, en agréer l'hommage; il vous est dû à tous les titres. Accueillez aussi l'expression de la profonde estime de

VOIART.

NOTICE HISTORIQUE

SUR LA VIE ET LES OUVRAGES

DE P. P. PRUDHON, Peintre,

MEMBRE DE L'INSTITUT DE FRANCE ET DE LA LÉGION-D'HONNEUR.

C'est un besoin pour les amis des arts de perpétuer le souvenir de ceux qui les ont illustrés. C'est honorer leurs cendres que de déposer au pied de leur urne funéraire un hommage sincère, qui devient plus touchant quand il est offert par l'amitié.

La vie d'un homme de génie peint mieux son talent et son caractère que le discours le plus éloquent, et la peinture naïve de cette vie est le meilleur moyen de les faire connaître.

Pierre Paul Prudhon, peintre, membre de la Légion-d'honneur et de l'Institut, naquit à Cluny, département de Saône-et-Loire, le 6 avril 1760. Le malheur, dès sa naissance, marqua sa destinée. Il fut le treizième et dernier enfant d'un père qui n'avait d'autre fortune que son état de maître maçon. Il en fut privé dans l'âge le plus tendre; mais sa mère sembla vouloir le dédommager de cette perte cruelle. Elle l'aimait avec une telle passion qu'elle craignait de le perdre de vue un seul instant; aussi fut-il sans cesse auprès d'elle jusqu'à l'âge de neuf à dix ans. Cette sollicitude maternelle influa sur son caractère, car il conserva toute sa vie cette douceur de mœurs et cette aménité, apanage du sexe qui présida à sa première éducation.

Il fit ses études chez les moines de l'abbaye de Cluny, qui avaient un enseignement gratuit.

On ne tarda point à voir éclore le goût du jeune Prudhon pour la peinture : ses cahiers étaient couverts de croquis à la plume, fruits d'une imagination créatrice. Tout servait à satisfaire ce penchant irrésistible, et bientôt, employant jusqu'à son canif, il tailla des morceaux de savon blanc qui offrirent en relief tous les personnages de la *Passion* avec un tel degré de vérité, que lui-même, à son retour de Rome, apportant un goût sûr et un talent perfectionné, en fut frappé d'étonnement.

Mais la peinture avait pour lui plus de charmes, et mettant à contribution jusqu'au suc des fleurs et des herbes pour se procurer des couleurs, il peignait des gouaches avec des pinceaux qu'il fabriquait lui-même du poil qu'il recueillait sur les harnais des chevaux de son pays.

Il admirait souvent les tableaux de l'abbaye, et son ambition journalière était de les imiter. Un moine lui dit un jour : *Vous ne réussirez point; ils sont peints à l'huile.* Et Prudhon, frappé de cette observation, après de nombreux et inutiles essais, trouva enfin, et tout seul, le moyen de peindre de cette manière.

C'est ainsi que la nature elle-même le conduisit, sans autre maître, à l'art qu'il a tant illustré depuis.

De si précoces et de si heureuses dispositions dans cet enfant fixèrent enfin l'attention des moines de Cluny; ils en parlèrent à M. Moreau, évêque de Mâcon, qui le prit sous sa protection, et l'envoya étudier le dessin, sous M. de Vosges, à Dijon. Il avait alors seize ans; il y fit les plus rapides progrès.

Cependant cette sensibilité précoce qui présidait à ses conceptions pittoresques se développait encore d'une autre manière dans son ame aimante. A peine sorti de l'enfance, il conçut une passion pour un objet peu digne de le fixer. Il contracta une union mal assortie pour réparer les torts de l'amour, et l'honneur à dix-huit ans eut plus de pouvoir sur sa volonté que toutes les représentations de ceux qui s'intéressaient à son talent et à sa fortune. Ce fatal hymen fut pour lui une source de chagrins qui empoisonnèrent ses plus belles années; et lui-même, peu de jours après son mariage, présagea qu'il serait le plus malheureux des hommes; mais, doué d'une force d'ame peu commune, il se résigna, et, s'armant de philosophie et de courage, il se livra de nouveau et avec plus d'ardeur encore, à l'art qui fut dans tous les temps sa plus douce et sa plus grande consolation.

Bientôt il concourut à Dijon pour le prix de peinture établi par les États de Bourgogne, présidés alors par le prince de Condé. L'espoir de l'obtenir et d'être envoyé à Rome électrisa toutes ses facultés.

Arrêtons-nous un moment sur un fait qui fera connaître la bonté de son cœur et sa générosité. Voisin d'un de ses concurrents, dont il n'était séparé que par une cloison, il l'entendit gémir de l'insuffisance de ses moyens : quittant alors spontanément son propre ouvrage, il détache une planche et vole au secours de son compagnon; il termine son travail, sans songer qu'il se nuit à lui-même, et son concurrent obtient le prix. Touché de l'injustice faite à Prudhon, le jeune vainqueur avoue franchement qu'il lui doit son succès. Les États de Bourgogne réparent l'erreur, la pension à Rome est accordée à Prudhon; et ses émules, pénétrés d'admiration, le portent en triomphe dans toute la ville de Dijon.

Il arriva dans la cité classique des beaux-arts à l'âge de vingt-trois ans; et comme entraîné par le genre de son talent et la similitude de son génie, il choisit, pour étudier, les œuvres de Raphaël, de Léonard de Vinci, d'André del Sarte et du Corrège. Ce dernier maître fut surtout dans tous les temps l'objet de sa constante admiration, et l'on a vu Prudhon contempler des heures entières sa Bacchante endormie, au milieu des chefs-d'œuvres que renferme le Muséum, et sa Danaé que possède aujourd'hui M. le chevalier Bonnemaison.

Ce fut à cette époque que notre artiste se lia avec le célèbre Canova, dont la manière de sentir et le talent avaient tant d'analogie avec les siens. Hélas! la même année a vu terminer la carrière de ces deux illustres artistes. Mais que leur fin est différente! Canova mourut au comble de la fortune et de la gloire, tandis que Prudhon, riche seulement de la dernière, mais toujours modeste, finit ses jours accablé de malheur et de chagrins, et dans un état voisin de l'indigence. Canova fit de vains efforts pour retenir Prudhon en Italie; il voulut lui payer ses ouvrages et les exposer dans son atelier pour les faire connaître, car il présageait dès-lors les succès qu'il devait obtenir : Prudhon refusa tout, il aimait sa patrie.

Avant de quitter Rome, il avait copié le triomphe de la Gloire, plafond du palais Barberini : cette œuvre de Piètre de Cortone lui fournit le moyen d'essayer plusieurs manières de peindre. Cet ouvrage décore aujourd'hui encore la salle des États à Dijon.

De retour à Paris en 1789, Prudhon y vécut pauvre et ignoré. Il y peignit la miniature pour subsister. Le comte d'Harlai, amateur, connaissant sa triste situation, le fit travailler pour son compte; mais Prudhon n'en recevait que des rétributions peu proportionnées à ses besoins. Ce fut pour lui que cet artiste fit le dessin de la *Cérès*, qu'il exécuta à la plume; l'*Amour réduit à la Raison*, et son *pendant*, qui furent tous gravés par Copia : ces morceaux préparèrent sa réputation et le firent connaître.

Prudhon commençait à tirer quelque fruit de son travail, lorsque sa femme, restée dans sa famille depuis son départ pour Rome, vint inopinément le rejoindre à Paris, et eut bientôt dissipé ses faibles épargnes. Il eut d'elle encore trois enfants, ce qui augmenta le malaise de sa pénible situation.

Lors de la disette de 1794, ses amis l'engagèrent à faire un voyage en Franche-Comté; il passa deux années à Rigny, près de Gray, et y fit un grand nombre de portraits, tant à l'huile qu'au pastel, admirables de talent et de vérité, tous remarquables par leur ressemblance et la fraîcheur du coloris. Il fit aussi dans ce pays, pour M. Didot l'aîné, les compositions de Daphnis et Chloé, et du gentil Bernard. Il revint à Paris ayant été aussi fêté que bien payé, mais surtout après avoir acquis dans M. Frochot un digne ami, lequel devint son protecteur, lorsqu'il fut préfet de la Seine.

Prudhon se trouvait à son retour dans une situation plus heureuse; mais la mauvaise administration de son ménage eut bientôt fait disparaître tout ce qu'il avait amassé en Franche-Comté. Il continua cependant ses travaux pour M. Didot l'aîné, et composa les dessins du Racine et de l'Aminte du Tasse; il grava dans ce temps de sa main, à l'eau-forte et au burin, la charmante estampe de Phrosine et Mélidor, si recherchée des curieux.

Les besoins journaliers de sa nombreuse famille l'empêchaient de se livrer à des travaux de longue haleine; et ses amis regrettaient qu'un si beau talent fut privé des moyens de se développer dans de grands tableaux. Il obtint enfin un prix d'encouragement sur un dessin représentant *la Vérité descendant des cieux, conduite par la Sagesse*. On lui accorda, pour l'exécuter en grand, un atelier et un logement au Louvre. Cet ouvrage justifia la confiance du gouvernement. On y admirait la poésie de la pensée et de la composition, la grace des formes, le charme de la couleur et du pinceau; enfin, une exécution large et moëlleuse, jusqu'alors inconnue dans l'école (1). Mais le mérite éminent de cette production fut contesté par l'envie. Ses émules prévoyaient sans doute les succès d'un si beau génie, et craignaient d'en être éclipsés. On le louait outre mesure de ses dessins, de ses vignettes et de ses petites compositions; mais on l'abreuvait d'amères critiques dès qu'il entreprenait un tableau. Cette tactique, malheureusement pour l'art, n'eut que trop de succès, et Prudhon consuma les plus belles années de sa carrière à composer des dessins charmants (il est vrai), mais il délaissa ses pinceaux. Ce fut M. Roger, élève de Copia, qu'il chargea de les graver, et qu'il forma, en l'appelant près de lui, à rendre ses produc-

(1) Ce tableau décorait le plafond de la salle des gardes, à Saint-Cloud, mais il fut en partie détruit par un incendie, lors du mariage de l'empereur Napoléon.

tions d'un burin si conforme à sa manière de sentir.

Cependant un particulier très riche, M. de Landy, le chargea de décorer son hôtel, rue Cerutti, où, sous des allégories ingénieuses, Prudhon représenta la Richesse accumulant autour d'elle toutes les jouissances; et, quoique étranger à ces douceurs, notre artiste les peignit avec le plus grand talent. Cet hôtel passa depuis à la reine Hortense.

A cette époque, Prudhon ne manqua plus de travaux, et sa situation se serait améliorée si la cause unique et constante de ses chagrins domestiques n'y eût mis obstacle. L'abandon de son ménage, et l'oubli des soins maternels, obligèrent souvent Prudhon d'y suppléer lui-même, et ses amis le surprirent maintes fois, à son chevalet, portant avec complaisance, sur chacun de ses genoux, les tendres objets de sa sollicitude paternelle. Il tira même parti, au profit de son art, de cette situation; il composa ces groupes enfantins dont la naïveté si pure a tant contribué à sa réputation.

Tirons le voile sur ces calamités conjugales, et imitons le silence religieux et stoïque de celui qui les supporta sans se plaindre pendant dix-huit ans. M. Constantin fut le seul de ses amis au sein duquel il déposa ses secrètes douleurs : il passait chez lui toutes ses soirées pour se dérober aux anxiétés de son intérieur. Mais ces chagrins journaliers et continuels, les efforts qu'il faisait pour les supporter, altérèrent sa santé et firent éclore le germe de la maladie qui le conduisit au tombeau; une mélancolie habituelle régnait dans son ame : jamais un sourire n'effleurait ses lèvres. Un sort si pénible lui inspira un tel dégoût de la vie, que plusieurs fois il fut près d'y mettre fin. Ses amis alarmés parvinrent heureusement à le déterminer à une séparation, seul moyen de le sauver de son désespoir. Elle s'exécuta : il vécut alors dans une retraite absolue pendant plusieurs années, se privant de tout pour consacrer ses soins et les fruits de son travail à la pension de sa femme et à l'éducation de ses enfants.

Mais une ère nouvelle va naître pour Prudhon, et son cœur aimant va rencontrer enfin un être dont le profond attachement rappellera sur son existence quelques années de calme et de bonheur.

Un des amis de Prudhon le sollicita si vivement de donner des leçons à mademoiselle Mayer, élève de Greuze, et qui venait de perdre son maître, qu'il vainquit la répugnance qu'avait notre artiste, non-seulement à avoir des élèves, mais encore à faire des connaissances nouvelles. En 1803, il consentit enfin à donner des leçons à mademoiselle Mayer, et il y mit tant de nonchalance, que ce ne fut qu'à force d'importunités réitérées qu'il les continua. Ce qu'il semblait pressentir se réalisa bientôt, et deux êtres doués d'une égale sensibilité ne tardèrent point à éprouver une affection mutuelle. Mademoiselle Mayer perdit son père peu de temps après, ce qui lui donna la liberté de se rapprocher de son maître et de lui prodiguer les témoignages d'un dévouement aussi rare que flatteur, et qui dura jusqu'à sa mort. La calomnie sembla respecter une amitié si pure et si sincère. Mademoiselle Mayer, exaltée par l'amour de l'art dont elle était idolâtre, pleine d'enthousiasme et d'admiration pour le talent de celui qui voulait bien perfectionner le sien, crut ne pouvoir trop chérir son maître, et lui voua une tendresse filiale que son âge justifiait; tandis que Prudhon, joignant à l'expérience des années et à l'autorité du maître la reconnaissance due au sentiment qu'on lui vouait, y répondit par une amitié qui semblait vraiment paternelle.

La tendresse et la constance de leur attachement ne fit qu'accroître l'estime de leurs amis communs. Cette liaison arracha Prudhon à la retraite profonde où il vivait : car, avant elle, il évitait plutôt qu'il ne cherchait les moyens de se faire connaître. Les louanges et l'admiration de son élève le trouvèrent sensible : dès-lors son talent prit un nouvel essor, et son génie produisit ces grands tableaux qui illustrent autant l'école française que leur auteur.

Le plafond du Musée, représentant *Diane implorant Jupiter*, fut sa création la plus importante, après *la Vérité descendant du ciel*, et cette composition toute céleste mérita les éloges des connaisseurs. Il avait alors environ quarante-cinq ans, et il ne mit au jour ses œuvres le plus remarquables, que dans un âge où, en général, la verve de la plupart des artistes, hommes de génie, semble déja se refroidir.

C'est peu après qu'il peignit cette belle allégorie *du crime poursuivi par la justice et la vengeance célestes*, tableau sublime dont la poétique, la conception et l'exécution ont classé cet artiste au premier rang des peintres de tous les pays. Le burin de M. Roger a multiplié ce chef-d'œuvre et éternisé le mérite de cette composition, qui fut commandée pour la ville de Paris par M. Frochot préfet de la Seine. Elle obtint à Prudhon une récompense plus flatteuse encore par la manière dont elle lui fut décernée que par sa propre valeur. La décoration de la Légion-d'honneur lui fut spontanément accordée au salon de 1808. A ce même salon, il exposa le charmant tableau de l'enlèvement de Psyché par les Zéphyrs, où la séduction de la couleur et la suavité du pinceau, le disputent à l'agrément des figures et au charme de la composition. Cet ouvrage avait été commandé par M. le comte Sommariva, ce Mécène moderne, dont il embellit aujourd'hui la riche collection. Cette aimable production désarma l'envie. On y reconnut la correction du dessin unie à la délicatesse de l'expression et à la grace des attitudes; et l'opposition complète du sujet des deux tableaux, prouva que l'artiste savait également peindre avec énergie les scènes les plus sévères, tandis qu'il retraçait avec autant de bonheur que de succès les tableaux les plus gracieux.

Au salon de 1812, Prudhon exposa le tableau de *Vénus et Adonis*. Il essuya de légères critiques, mais elles ne purent atteindre l'image de la Déesse de la Beauté. Jamais peut-être on ne verra retracées avec autant de charme et de perfection, avec une carnation si fraîche, si pure, et un coloris si séduisant, les formes de la Mère des Amours (1).

L'artiste offrit au même salon un autre tableau plus digne encore d'admiration, et dans lequel il sembla s'être surpassé lui-même. C'est *Zéphyr dans un mystérieux bocage se balançant en se jouant sur la surface des eaux*. Prudhon a réalisé, dans cette délicieuse composition, tout ce que les poètes ont rêvé de plus enchanteur, tout ce que la peinture peut produire de plus suave et de plus séducteur (2).

(1) Ce tableau appartient à M. de Boisfremont.
(2) Ce tableau appartient à M. de Sommariva.

On doit encore à son pinceau ce beau portrait d'une Femme que la Destinée avait placée bien haut, et qui n'employait son pouvoir qu'à encourager les arts et à consoler l'infortune. Par une sorte de pressentiment, Joséphine avait voulu que son portrait fût exempt des pompes impériales. Assise sur un tertre, ombragée d'épais feuillages, elle était entourée des fleurs qu'elle aimait et qui indiquaient son goût pour la botanique. Le public ne put jouir de cette attrayante production qui ne fut terminée qu'à une époque où la fortune avait abandonné le modèle. Mais il en fut dédommagé par deux superbes portraits en pied ; l'un de M. le comte Sommariva, assis près d'une ruine dans un paysage; l'autre de M. de Talleyrand, et de plusieurs bustes de femmes, dont la vérité, la ressemblance et la couleur prouvèrent que Prudhon savait aussi bien imiter la nature que retracer les créations enchanteresses de l'imagination.

Il avait pendant quelque temps suspendu ses travaux en peinture, pour s'occuper de la composition et de la direction des dessins de la toilette et du berceau, dont la ville de Paris fit hommage à l'impératrice Marie-Louise; il y déploya le talent et le goût exquis dont la nature l'avait doué. A cette époque, sans solliciter cette faveur, il fut choisi pour donner des leçons de peinture à la même impératrice, qui, peu de temps après, lui demanda le portrait de son fils. Il peignit le royal enfant endormi dans un bosquet de palmes et de lauriers; une Gloire brillante l'éclaire; deux tiges de la fleur impériale, en s'unissant au-dessus de sa tête, semblent protéger son repos (1).

C'est aussi dans le même temps que parut cette belle tête de vierge dont la sublime expression et la suavité du pinceau, éveillèrent l'émulation des rivaux de notre peintre.

Il semblait, sur les ailes de l'amitié, voler de succès en succès; en 1816, il fut nommé membre de l'Institut. Comblé des éloges et de la considération qu'inspirent le talent : estimé, protégé des gens les plus recommandables, il n'en conserva pas moins la candeur et la mo-

(1) Ce petit portrait et celui de Joséphine ont été envoyés à Parme, où on les croit encore.

destie qui le caractérisaient. Ce n'était que par de nouvelles créations qu'il voulait obtenir des suffrages, car les louanges de ses amis avaient seules quelque prix à ses yeux.

Il avait ébauché un tableau qu'il comptait exposer en 1819, *Andromaque en présence de Pyrrhus embrassant son cher Astyanax, qui lui rappelle les traits d'un époux chéri.* Un concours de circonstances s'opposa à l'achèvement de ce tableau plein de verve et de sentiment; il eût ajouté à la gloire de son auteur qui mourut sans l'avoir terminé (1).

Il peignit pour ce même salon une Assomption de la Vierge, dont la couleur, l'expression et la grace, les anges qui l'accompagnent, nous transportent au séjour céleste qu'elle va habiter. Ce tableau décore dans ce moment l'autel de la chapelle du palais des Tuileries.

La gravure a retracé une composition charmante que le pinceau de Prudhon fit éclore, avant cette Assomption. *L'Innocence séduite par l'Amour est entraînée par le Plaisir, mais elle est suivie du Repentir qui se cache sous*

---

(1) Ce tableau appartient à M. de Boisfremont.

l'aile du séducteur. Cette création toute anacréontique est un petit poëme, et la main savante qui l'a retracée semble en avoir emprunté le coloris au Dieu même qui l'a inspirée.

Mais malgré ses succès et dans l'ivresse même de ses plus aimables productions, Prudhon ressentait encore la vive impression de ses malheurs passés. Son détachement de la vie avait laissé dans son ame une empreinte ineffaçable. Une esquisse pleine de talent dévoila cette pensée secrète. Il semblait inspiré par ces paroles du Psalmiste : *O ! qui donnera des ailes à mon ame comme à la colombe pour m'envoler vers le lieu de mon repos ?*

Il a représenté l'ame sous la figure d'un ange, ou plutôt d'une belle femme dont le regard animé exprime le désir impatient de quitter la terre ; ses blanches ailes se déployent, ses bras s'élèvent vers le ciel, elle s'élance ; mais une chaîne pesante fixée à la terre, et dont l'extrémité retient captive une de ses jambes, arrête son essor... Ingénieuse allégorie des vœux que forme quelquefois une ame infortunée ! On voit amoncelés à ses pieds des sceptres, des couronnes, des draperies de pourpre et des fleurs : mais parmi ces objets attrayants s'est glissé un noir serpent dont la tête menaçante est l'emblême du malheur caché sous les fleurs de la vie. Une mer en furie, bouleversée par la tempête, un ciel sombre et sillonné d'éclairs, achèvent le tableau.

Tous les amis des arts regretteront qu'une composition aussi poétique n'ait point été terminée. Elle eût sans doute ajouté encore à la réputation du peintre et une nouvelle couronne à celles qu'il avait déja mérité (1).

Mais qu'ils furent courts pour Prudhon et ses amis, ces instants de gloire et de bonheur ! une mort sanglante et prématurée vint lui ravir l'objet de ses plus pures affections. Une noire mélancolie s'était emparée de mademoiselle Mayer, et la révolution de l'âge troublant sa tête et sa raison (2), le 26 mai 1821, elle priva de ses propres mains son maître et son ami de la douce compagne de ses travaux ! Ce coup affreux l'accabla : il fut le présage du terme prochain de sa brillante carrière. C'est

---

(1) M. Trezel, peintre, est possesseur de cette exquisse.

(1) Mademoiselle Mayer était âgée de 46 ans.

en vain qu'un digne ami aussi distingué par ses talents que par ses vertus, M. de Boisfremont, peintre, vint l'enlever au spectacle affreux qui le déchirait et à l'isolement auquel il se voyait condamné. Transporté chez cet ami, entouré des plus tendres soins, trouvant un cœur à l'unisson du sien et qui partageait sa douleur, rien ne put effacer l'image de celle qui l'avait délaissé sur cette terre. « Je n'ai plus « d'avenir, » disait-il avec amertume. Il ne put éprouver quelque consolation qu'en ressaisissant ses pinceaux pour terminer une esquisse de la main de celle qu'il pleurait.

Cette *famille au désespoir, entourant un père mourant au sein de l'indigence*, avait tant d'analogie avec sa triste situation, qu'il passait tout le jour à s'en occuper. On retrouve dans l'expression de la physionomie de ce père défaillant, tout ce que la douleur et la tendresse unies ont de plus touchant; dans la mère éplorée, soutenant sur son sein cette tête pâle et souffrante, dans cette jeune fille debout qui cache ses larmes, dans ce jeune garçon à genoux qui pleure sur la main de son père, dans cet autre qui le regarde avec une anxiété douloureuse, tout ce que la nature peut exprimer de sensibilité et de chagrin. Ah! qui pourrait douter en admirant ce petit chef-d'œuvre, que son auteur ne ressentît lui-même les émotions déchirantes qu'il a su retracer avec tant de vérité et d'énergie? La couleur, les accessoires et l'exécution sont en harmonie avec le sujet, quoiqu'on y reconnaisse encore le pinceau suave et gracieux de l'artiste (1).

Une pieuse intention ajoute un nouveau mérite à cette production; il en destinait le prix à l'érection d'un monument à la mémoire de sa malheureuse amie.

C'est ainsi que Prudhon, loin de chercher à oublier ou à calmer sa douleur, semblait au contraire trouver du charme à la nourrir. Son tableau est achevé, mais le sentiment amer qui le maîtrise a besoin d'un nouvel aliment, car il ne doit finir qu'avec lui. Tout-à-coup, ému comme par un pressentiment religieux, il reprend ses pinceaux; le Christ mourant sur la croix est ébauché.... Page sublime où son génie

---

(1) Ce petit tableau appartenait à M. Odiot qui l'a cédé à madame la duchesse de Berri. Il fait maintenant partie de sa galerie.

et sa douleur devaient épancher leurs dernières inspirations.

Cette composition fut pour Prudhon comme le chant du cygne. Il y rassembla les plus profondes conceptions de son ame sensible. C'était le dernier élan d'une imagination électrisée par tout ce que le sentiment a de plus élevé. Il semblait animé de l'esprit de celui dont il peignait l'image.

C'est après avoir dans cette tête mourante atteint le plus haut degré d'expression ; c'est après avoir peint avec une admirable morbidesse ces teintes livides, pâles avant-courrières de la mort, qu'il ressentit lui-même le trait fatal qui devait bientôt causer la sienne. A peine avait-il terminé son ouvrage, sa main débile et froide tenait encore le pinceau, que succombant enfin aux atteintes de la maladie dont ses chagrins avaient été la source, il se mit au lit et ne se releva plus.

Prudhon ne vit point avec effroi s'approcher le terme de sa carrière ; il semblait même le désirer et l'attendre avec joie.... « Oh! que la chaîne de la vie est pesante, écrivait-il à sa fille

« éloignée de lui (1); seul sur la terre, qui m'y
« retient encore? Je n'y tenais que par les liens
« du cœur; la mort a tout détruit... Ma vie est
« le néant... L'espérance ne détruit point l'hor-
« reur des ténèbres qui m'environnent... Elle
« n'est plus celle qui devait me survivre... La
« mort que j'attends viendra-t-elle bientôt me
« donner le calme où j'aspire?... C'est à ta
« tombe, ô mon amie, que s'attachent toutes
« mes pensées, tous mes vœux!... »

En effet, quelques mois avant il avait été faire l'acquisition au cimetière du Père-la-Chaise du terrain voisin de la sépulture de mademoiselle Mayer pour y assurer la sienne (2).

« Ne pleurez point, disait-il, au lit de la mort,
« à ses amis; vous pleurez mon bonheur, car
« je vais rejoindre cet ange de bonté, cette amie
« dont les suffrages étaient si doux à mon cœur. »

Prudhon dans cette disposition d'esprit, plein

---

(1) Cette citation est textuellement extraite d'une lettre écrite à sa fille, établie à plus de 100 lieues de Paris.

(2) Il en remit le titre à M. de Boisfremont quelques jours avant sa mort, en le priant de l'y faire inhumer.

d'une pieuse résignation, expira le 16 février 1823 dans les bras de M. de Boisfremont; et portant sur lui son regard mourant, le pressant de ses mains glacées, il prononça d'une voix faible ces touchantes et dernières paroles : « Mon Dieu, je te remercie !... la main d'un « ami fidèle me ferme les yeux !... »

Ainsi finit un peintre dont le génie sublime et le talent précieux furent dignes de sa patrie ! S'il excita l'envie de ses émules par le charme de ses compositions et la flexibilité de son talent, la suavité de son pinceau, la séduction de sa couleur, la grace de ses attitudes et l'expression fine et délicate de ses têtes, lui méritèrent l'admiration de ses contemporains et l'épithète de *Corrège français*, qui, sans aucun doute, lui sera confirmée par la postérité.

Nous ne terminerons point cette notice sans rendre un hommage sincère à l'ami qui a recueilli le dernier soupir de l'infortuné Prudhon, et dont les soins généreux lui ont survécu.

Le Christ mourant, son dernier ouvrage, allait recevoir une destination éloignée, et le Muséum de Paris eût été privé de ce chef-d'œuvre. M. de Boisfremont, inspiré par le sentiment de la gloire de celui qu'il pleure, se met à l'ouvrage, et, comme s'il eût emprunté ses pinceaux, copie si parfaitement ce tableau, que les yeux les plus exercés s'y méprennent.

Mais la même pensée qui avait guidé la main de M. de Boisfremont étant survenue à monseigneur le Ministre éclairé de la maison du Roi, il avait ordonné de copier le Christ. Déja la ferveur de l'amitié l'avait devancé, l'ordre était exécuté, et le dernier tableau de Prudhon, comme le symbole de son apothéose, fait en ce moment partie du Muséum français.

FIN.

RÉFLEXIONS

SUR LE TALENT ET LES OUVRAGES

DE P. P. PRUDHON.

Parmi les peintres de l'École française; il en est peu qui aient essuyé plus de critiques et mérité plus d'éloges que Prudhon. Les premières, quoique injustes pour la plupart, semblaient cependant avoir quelque fondement sous le rapport du genre de dessin adopté par cet artiste, qui, loin d'imiter l'antique, qu'il avait cependant étudié à Rome, n'en avait adopté ni les formes, ni le goût, ni les principes. Cette manière de sentir qui tenait à son organisation et aux premières impressions qu'il avait éprouvées, l'avait comme isolé de la routine de l'école régénérée; il semblait avoir retenu et pratiqué cette pensée votive d'Alphonse Dufresnoy : « Je veux que l'artiste vraiment di- « gne de ce nom, dirigé par des études sages « et éclairées, s'identifie avec la nature et la

« vérité, et que seules, à la faveur de cette fu-
« sion, elles gouvernent son imagination et son
« pinceau. »

C'est peut-être à cette cause qu'on doit attribuer la dépréciation de son mérite et de son genre de talent. Il est vrai que ce talent était si éloigné par son caractère des principes connus et pratiqués qu'il ne pouvait être que mal jugé par ceux qui les prenaient pour base de leur opinion.

Prudhon n'eut d'autre maître que la nature; son savoir ne fut sous aucun rapport le produit de l'enseignement, mais bien le résultat d'un sentiment exquis, entretenu et développé par une organisation toute particulière. Cet artiste a prouvé par ses inimitables productions que le génie sait s'élever au-dessus des règles de l'école qui souvent, celles au moins qui ne sont pas fondamentales, ont varié comme la mode. Concevoir et exécuter furent toujours pour lui une seule et même chose; et cette facilité de produire était secondée par des méthodes et des procédés inconnus ou étrangers aux autres peintres, et qui appartenaient à Prudhon, comme sa manière de sentir. Personne mieux que lui ne sut observer la nature et en retenir les effets. Il conservait dans sa mémoire tout ce qui caractérise les objets dans leur aspect le plus *grandiose* et le plus pittoresque. Depuis les formes humaines jusqu'aux plus petits détails des accessoires, rien n'avait échappé à son coup-d'œil, ni à ses observations. Aussi ce ne fut jamais en présence de la nature qu'il exécuta ses plus brillantes productions; elle eût nui à ses sublimes conceptions en faisant disparaître les beautés idéales dont il revètait ses formes matérielles, leur type seul étant resté dans son génie pittoresque. Cette nature eût ramené Prudhon à la simple imitation qui n'eût plus été en harmonie avec les créations poétiques émanées de son sentiment, lesquelles eussent perdu sans doute le caractère d'originalité empreint dans tous les ouvrages de cet artiste.

Peut-être nous est-il permis, pour mieux faire sentir le genre d'inspirations qui présidait à ses compositions, d'emprunter à la poésie une comparaison. Ce n'était point des seules règles de Boileau dont Prudhon se servait pour écrire ses vers; il suivait surtout, comme *La Fontaine*, les seules impulsions de son génie et du sentiment délicat qu'il devait à la nature ; aussi, comme les œuvres de ce poète inimitable, celles de Prudhon portent-elles un caractère particulier qui émeut et touche l'ame, et offrent un attrait irrésistible à tous ceux qui veulent les contempler sans prévention.

Quelques-uns des détracteurs du talent de Prudhon ont osé avancer *qu'il ne savait point dessiner ;* ils auraient dû ajouter, *comme le commun des peintres.* Mais qu'on nous cite dans ses nombreux dessins, dans ses tableaux, dans ses portraits, un seul exemple d'incorrection, soit dans l'ensemble, la contexture et l'agencement des membres, soit même dans les raccourcis les plus difficiles.

On ne classera point Prudhon, il est vrai, parmi les peintres qui font ostentation de leurs études anatomiques. Imitant en cela la sage nature et *Guido Reni*, il voilait judicieusement tout ce qui n'était point nécessaire à l'expression de l'action de ses personnages.

Veut-on fonder ce reproche sur sa non imitation du style antique ? il faut l'entendre lui-même y répondre.

« Ceux qui prétendent, disait-il, qu'il n'y a
« qu'une seule manière de retracer les formes
« humaines qu'offre la nature, me semblent en
« opposition avec elle-même et ses créations.
« Ne donne-t-elle pas l'exemple de la plus ri-
« che variété? Et si elle a modelé le genre-hu-
« main sur un type semblable, n'en a-t-elle
« point modifié à l'infini la couleur, les formes
« et la figure? Le sauvage ressemble-t-il à
« l'homme civilisé, l'Espagnol au Russe, le
« Français à l'Anglais, enfin, l'indolent Asiati-
« que à l'actif Européen? S'il est vrai que tous
« ces divers individus diffèrent et d'attitude et
« d'expression, s'il est constant que leurs mœurs,
« ainsi que le climat qu'ils habitent, influent
« sur le caractère de leurs physionomies ; leurs
« habitudes, leurs différentes occupations n'ont
« sans doute pas moins d'influence sur les for-
« mes de leurs membres? Et vous voulez que
« moi, le témoin journalier des modifications
« de ce genre que subissent mes compatriotes
« mêmes, j'adopte pour exprimer ce que je vois
« un style étranger à leur nature? Style, il est
« vrai, dont je sens le mérite, qui me sert
« d'objet de comparaison, mais que mes yeux se

« refusent à reconnaître dans les objets qui
« m'environnent : autant vaudrait adopter dans
« nos tableaux la même figure pour tous les
« hommes, la même physionomie, la même
« beauté pour toutes les femmes. Je ne puis ni
« ne veux voir par les yeux des autres, leurs
« lunettes ne me vont point : j'observe la na-
« ture et je tâche de l'imiter dans ses effets les
« plus attrayants. Mais qu'on me montre ces
« Grecs dont les statuaires antiques ont imité
« les formes, et je les retracerai avec le même
« enthousiasme. D'ailleurs, n'est-ce point en-
« chaîner le génie et entraver le talent que de
« donner un patron commun à toutes les pro-
« ductions des beaux-arts, et condamner leurs
« travaux à une similitude de résultats ennemie
« de la liberté qui doit présider à leur essor?
« Enfin, parce que Corneille et Racine ont fait
« des chef-d'œuvres immortels, faut-il ne plus
« parler, ne plus écrire qu'en vers alexan-
« drins (1)? »

Cette manière de raisonner son art était jus-

_____

(1) Ces observations sont l'exact résumé d'une conversation sur ce sujet, de l'auteur de cette notice avec l'artiste.

tifiée par les ouvrages de Prudhon ; on ne vit jamais retracer avec autant de vérité et de finesse les plus délicates ondulations des formes du corps humain, et malgré l'espèce de vague que son pinceau moëlleux semble y répandre, aucune partie ne reste indécise; jusque dans l'ombre la plus prononcée on y distingue les plus légères modulations des formes, exprimées avec une magie enchanteresse. Prudhon s'était tellement rendu familiers le caractère et le sentiment des formes et de la structure du corps humain, qu'il produisait la même illusion avec un morceau de craie ou de charbon. Si cela n'est point la science du dessin, que quelqu'un daigne nous en expliquer l'essence. Eh ! n'est-ce pas avoir profité du style antique que d'avoir réuni au goût le plus exquis et le plus délicat, le charme de la nature ennobli par un choix judicieux?

Mais Prudhon n'eût rempli qu'imparfaitement la mission à laquelle il semblait appelé par son organisation, s'il eût négligé quelque partie de l'art qu'il aimait avec tant de passion. Il sentait que l'effet de ses compositions serait incomplet, s'il n'unissait le charme et le prestige de la couleur à l'attrait de l'expression, à la séduction des attitudes, à la grace, à l'agrément des formes. Il voulait captiver les yeux comme l'ame, et enchanter à-la-fois toutes les facultés de ses juges. Son coloris si pur de ton, si frais, si argentin, si harmonieux, fut comme toutes ses conceptions le fruit d'observations profondes sur la nature, modifiées par son sentiment et son imagination. Soit qu'il retraçât les sujets poétiques de la fable, ou qu'il peignît des allégories ingénieuses, inspirées par l'amour, la sensibilité et la philosophie, il semblait trouver sur sa palette les couleurs qui seules pouvaient convenir à de telles compositions. Les amours et les zéphirs, les anges et les chérubins, recevaient de son suave pinceau la beauté céleste et le coloris aérien qui les caractérisent, et la magie de son art savait réaliser à nos yeux les rêves de cette perfection idéale que nous attribuons aux aimables et légers habitants de l'Empyrée.

On osa faire à Prudhon un tort de ses succès en ce genre. *Il possède*, disait-on, *l'idéal de la couleur, mais ce n'est pas la vérité.* Cette critique ne put long-temps avoir cours, et les portraits en pied de MM. de Sommariva et de Talleyrand, ceux en buste dont il enrichit nos différentes expositions, si vrais et si ressemblants, vinrent répondre encore pour lui à cette même critique et prouver que l'artiste pouvait également imiter avec énergie et vérité les effets de la nature et sa couleur, comme il savait embellir par elle les créations poétiques de sa riche et féconde imagination.

Le coloris fut, comme nous l'avons dit, un des principaux objets de ses goûts et de ses études : Prudhon avait à cet égard, comme pour les autres parties de son art, une manière de voir et de sentir toute particulière. Il considérait le charme de l'effet présent, mais il songeait aussi à l'avenir. Il était parvenu par des pratiques calculées avec soin à concilier avec sa durée, la magie de la couleur qu'il offrait dans ses tableaux.

« Le temps, disait-il, dévore les fraîcheurs
« du coloris, tandis que les teintes vigoureuses,
« parce qu'elles sont par-dessous, résistent plus
« long temps à ses attaques. Aussi voit-on les
« anciens tableaux dépouillés de leurs tons les
« plus frais, quand leurs vigueurs et leur effet

« subsistent encore. En général, les tons jaunes
« sont plus durables, mais ils sont rares dans
« la nature de nos climats, et la clarté argentine
« de nos ateliers privés de celle du soleil, en
« rend l'usage encore moins nécessaire dans la
« confection du coloris : d'ailleurs presque tous
« les jaunes dont on se sert à l'huile noircis-
« sent à la longue : bannissons donc cette cou-
« leur de la carnation (1). »

Fidèle à ces observations, Prudhon adopta les tons argentins de Vandyck, de Velasquez, de Paul Véronèse et de Teniers : et pour prévenir les ravages du temps il empâta le dessous de ses carnations des tons frais et laqueux dont il redoutait la précoce déperdition; il exila le jaune de ces mêmes carnations, soutint ses ombres de tons vigoureux, mais transparents, répandit des glacis harmonieux sur les chairs et sur les draperies, et assura ainsi l'harmonie, l'agrément et la durée de ses tableaux.

Nous nous sommes peut-être arrêtés avec trop de complaisance à des détails qui ne peu-

---

(1) Ces remarques sur le coloris sont également recueillies des fréquentes conversations de l'auteur avec Prudhon.

vent intéresser que les gens de l'art? Eux seuls savent apprécier l'étude des moyens qui assurent le succès aux chefs-d'œuvre qu'il fait éclore. Plaignons ceux qui ne sentent point le prix de la couleur et qui dédaignent ce qu'elle ajoute en peinture aux créations du génie. Peuvent-ils donc oublier que Rubens fut proclamé prince de la couleur, et qu'il dut sa célébrité au charme qu'elle répandit sur ses majestueuses, mais incorrectes productions?

Une fois cet artiste tenta de renoncer à ce moyen de succès; il peignit une imitation de la transfiguration de Raphaël, dans la manière de Michelange de Caravage (1). Mais cette composition, d'une grande proportion, n'a pas trouvé un seul admirateur, et Rubens, dépouillé de son inimitable coloris, n'est plus qu'un incorrect et capricieux dessinateur dont les conceptions spirituelles, la fougue de l'imagination, la fécondité et l'exagération font tout le mérite.

Nous ne doutons point des regrets qu'excite

(1) Ce tableau est placé au Musée de Nancy, dont il fait actuellement partie.

la perte d'un artiste tel que Prudhon, parmi tous ceux qui apprécient ou qui cultivent les arts : ils se réuniront sans doute à nous pour confirmer les louanges que nous avons données à la sensibilité de son ame, à la richesse de son imagination, à la profondeur de ses pensées, à la fécondité de son génie, à la flexibilité de son talent qui s'appliquait à tous les genres, à la poésie qui respirait surtout dans ses créations idéales ; enfin, dans l'expression noble et délicate des plus doux sentiments, comme dans celle des douleurs les plus déchirantes.

Nous ne présumons point qu'il existe des juges assez prévenus pour méconnaître ces précieux avantages à l'aspect de tableaux tels que :

La Vérité descendant du ciel, conduite par Minerve ;

Diane implorant Jupiter ;

Le Crime poursuivi par la Justice divine et la Vengeance céleste ;

L'Amour séduisant l'Innocence que le Plaisir entraîne, que suit le Repentir ;

L'enlèvement de Psyché par les Zéphirs ;

Zéphir lui-même se jouant sur les eaux dans un bocage ;

Vénus et Adonis; — ne laissons pas perdre une pensée ingénieuse, empruntée au Corrège par notre artiste.

La tête d'Adonis penchée dans l'ombre est éclairée du reflet lumineux qui s'échappe du visage de la déesse, et semble embellir son amant, en dessinant les contours inférieurs de sa figure.

Les embrassements maternels d'Andromaque;

La belle tête de la Vierge;

Son Assomption;

Le portement de croix du Christ, tableau qui, malgré sa petite proportion, semble dérobé au pinceau de Le Sueur;

Le petit tableau de la Famille indigente;

L'Ame, fatiguée de ses liens terrestres, s'élançant vers l'éternité;

Enfin, le Christ mourant... Son dernier ouvrage...

Nous croyons avoir aidé dans cette notice à fixer l'opinion sur un talent dont on a peut-être trop long-temps méconnu la supériorité.

Puisse la justice tardive, de ceux des détracteurs des OEuvres de Prudhon qui lui ont survécu, consoler ses mânes des chagrins dont a été semée la trop courte carrière d'un peintre digne, sous tant de rapports, des éloges et des regrets de tous les amis des beaux-arts.

FIN.

Nota. Depuis l'impression de la Notice, l'auteur a été informé que Prudhon avait non-seulement gravé et buriné le sujet de Phrosyne et Mélidor, mais qu'il en avait exécuté le tableau de la même grandeur que l'estampe. La vue de ce petit chef-d'œuvre de goût a tout le charme et la séduction attachée aux œuvres de notre artiste, et s'il eût été de grande proportion, il eût, sans aucun doute, balancé les succès de tous les autres.

Ce tableau appartient à M. Hyacinthe Didot.

www.ingramcontent.com/pod-product-compliance
Lightning Source LLC
Chambersburg PA
CBHW070705050426
42451CB00008B/506